O tempo

O tempo

Fernando Rey Puente

FILOSOFIAS: O PRAZER DO PENSAR
Coleção dirigida por
Marilena Chaui e Juvenal Savian Filho

wmf **martinsfontes**

São Paulo 2014

*Copyright © 2010, Editora WMF Martins Fontes Ltda.,
São Paulo, para a presente edição.*

1ª edição *2010*
2ª tiragem *2014*

Edição de texto
Juvenal Savian Filho
Acompanhamento editorial
Helena Guimarães Bittencourt
Revisões gráficas
Letícia Braun
Renato da Rocha Carlos
Edição de arte
Katia Harumi Terasaka
Produção gráfica
Geraldo Alves
Paginação
Moacir Katsumi Matsusaki

Dados Internacionais de Catalogação na Publicação (CIP)
(Câmara Brasileira do Livro, SP, Brasil)

Rey Puente, Fernando
 O tempo / Fernando Rey Puente. – São Paulo : Editora
WMF Martins Fontes, 2010. – (Filosofias : o prazer do pensar
/ dirigida por Marilena Chaui e Juvenal Savian Filho)

 ISBN 978-85-7827-311-8

 1. Tempo – Filosofia I. Chaui, Marilena. II. Savian Filho, Juvenal. III. Título. IV. Série.

10-06611   CDD-100.1

Índices para catálogo sistemático:
1. Tempo : Filosofia   100.1

Todos os direitos desta edição reservados à
Editora WMF Martins Fontes Ltda.
Rua Prof. Laerte Ramos de Carvalho, 133 01325-030 São Paulo SP Brasil
Tel. (11) 3293.8150 Fax (11) 3101.1042
e-mail: info@wmfmartinsfontes.com.br http://www.wmfmartinsfontes.com.br

SUMÁRIO

Apresentação • 7
Introdução • 9

1 Os astros, o tempo e o pensamento humano • 15
2 Impasses e enigmas sobre a natureza do tempo e do agora • 21
3 Tempo interno e tempo externo • 29
4 Do ser do tempo ao tempo do ser • 38
5 Conclusão • 47

Ouvindo os textos • 51
Exercitando a reflexão • 58
Dicas de viagem • 66
Leituras recomendadas • 71

APRESENTAÇÃO
Marilena Chaui e Juvenal Savian Filho

O exercício do pensamento é algo muito prazeroso, e é com essa convicção que convidamos você a viajar conosco pelas reflexões de cada um dos volumes da coleção *Filosofias: o prazer do pensar*.

Atualmente, fala-se sempre que os exercícios físicos dão muito prazer. Quando o corpo está bem treinado, ele não apenas se sente bem com os exercícios, mas tem necessidade de continuar a repeti-los sempre. Nossa experiência é a mesma com o pensamento: uma vez habituados a refletir, nossa mente tem prazer em exercitar-se e quer expandir-se sempre mais. E com a vantagem de que o pensamento não é apenas uma atividade mental, mas envolve também o corpo. É o ser humano inteiro que reflete e tem o prazer do pensamento!

Essa é a experiência que desejamos partilhar com nossos leitores. Cada um dos volumes desta coleção foi concebido para auxiliá-lo a exercitar o seu pensar. Os temas foram cuidadosamente selecionados para abordar os tópicos mais importantes da reflexão filosófica atual, sempre conectados com a história do pensamento.

Assim, a coleção destina-se tanto àqueles que desejam iniciar-se nos caminhos das diferentes filosofias como àqueles que já estão habituados a eles e querem continuar o exercício da reflexão. E falamos de "filosofias", no plural, pois não há apenas uma forma de pensamento. Pelo contrário, há um caleidoscópio de cores filosóficas muito diferentes e intensas.

Ao mesmo tempo, esses volumes são também um material rico para o uso de professores e estudantes de Filosofia, pois estão inteiramente de acordo com as orientações curriculares do Ministério da Educação para o Ensino Médio e com as expectativas dos cursos básicos de Filosofia para as faculdades brasileiras. Os autores são especialistas reconhecidos em suas áreas, criativos e perspicazes, inteiramente preparados para os objetivos dessa viagem pelo país multifacetado das filosofias.

Seja bem-vindo e boa viagem!

INTRODUÇÃO
Vivenciamos o tempo de maneira cíclica e periódica?

Qualquer um de nós, em algum momento da vida, já deve ter se perguntado pelo porquê de os dias e os meses se repetirem. Qual a razão de o dia nove, por exemplo, aparecer doze vezes ao longo do ano?

Ao formular essa questão, logo percebemos que, na verdade, o dia nove não pode repetir-se, porque o nove de maio não é o mesmo que o nove de setembro; nem mesmo é igual ao nove de maio do ano anterior ou do seguinte. Mas, se isso não é assim, por qual motivo, então, repetem-se os números ao longo do calendário?

Como compreender igualmente as horas que contamos em nossos relógios? Elas também não se repetem ao longo de um dia e os dias não se repetem no decorrer de uma semana? Ontem, às sete e meia, cheguei à escola ou ao trabalho. Amanhã, farei o mesmo, e isso se repetirá durante os cinco dias úteis da semana. Mas, na verdade, a sete e meia de um dia não é igual à sete e meia de um outro dia. Sendo assim, qual a razão de repetirmos esses números, se os acontecimentos que ocorrem de um dia para o outro, ou mesmo ao longo de um só dia, não se repetem de fato? E os minutos? Eles também não estão se repetindo do mesmo modo no decurso das horas e dos dias? E não ocorre algo idêntico em relação a eles?

Vê-se logo que poderíamos continuar com esse exemplo indefinidamente. Enfim, a questão central que ele pretende evidenciar é: por que pensamos haver uma repetição – de dias, horas, minutos e segundos – se o tempo, por sua própria natureza sucessiva, não pode efetivamente se repetir?

1. A vertigem do tempo

Convenhamos que refletir profundamente sobre os enigmas do tempo pode provocar-nos uma espécie de vertigem, desorientando-nos teoricamente. Ao aprofundarmo-nos na questão, não tardaremos a constatar que, na verdade, somos nós que, de algum modo, temos necessidade de períodos e ciclos, para não nos sentir perdidos e sem referência temporal. Sem essas supostas repetições, ficaríamos desnorteados ou desorientados no tempo.

Não por acaso estes dois termos – norte e oriente – evocam a nossa necessidade de uma orientação espacial, pois designam direções de espaço. Metaforicamente, contudo, eles também podem indicar uma orientação temporal, pois quem ruma sem norte, quem não se orienta em sua vida, vive na errância.

Nossa experiência de que parece impossível ao ser humano privar-se inteiramente da consciência do tempo traduz-se na ausência de palavras em nosso idioma para designar precisa e exclusivamente um estado atemporal. Na verdade, "estar fora do tempo" é uma situação tão distante da experiência humana comum que sequer foi dicionarizada.

Podemos, porém, expressar bastante bem uma confusão mental ou existencial, empregando metaforicamente termos espaciais, como quando dizemos que estamos desorientados e desnorteados ou até mesmo desambientados e deslocados. Mas não podemos exprimir plenamente nossa ausência de noção temporal com o emprego de termos literalmente temporais.

Podemos até dizer que estamos descompassados ou desarmonizados, diante de alguma situação, ou no interior de algum contexto específico, mas essas são, na verdade, metáforas musicais que contêm, obviamente, um significado temporal. E elas não são, estritamente, metáforas pura e simplesmente temporais.

2. Pensar o tempo sem um referencial cíclico?

Retornando ao nosso pensamento inicial, quando perguntávamos por que repetir os números para designar tempos diferentes, surge-nos, em contrapartida, uma hipótese: haveria a possibilidade de pensarmos o tempo sem nenhum referencial cíclico ou periódico? Imaginemos que cada dia recebesse um número diferente, ou seja, suponhamos que cada novo dia pudesse ser pensado apenas como o acréscimo de mais uma unidade a um número que começaria com o um (para indicar o nosso primeiro dia de vida) e continuaria ininterrupta e irrepetidamente até o dia de nossa morte.

Se as coisas fossem assim, a datação da vida de cada pessoa constituiria, então, uma série numérica única e particular, não podendo, por conseguinte, ser comparada com as séries de outrem, a não ser pelo fato de possuir mais ou menos unidades do que uma outra. Mas como poderíamos contar essas unidades de modo homogêneo, se não pudéssemos empregar uma unidade padrão para a contagem? Na verdade, se assim o fizéssemos, não poderíamos nem mesmo dizer que vivemos tantos anos e tantos dias, pois anos e dias, assim como horas e minutos, são, na verdade, convenções sociais e culturais, adotadas para não nos sentirmos excluídos de um tempo comum vivido socialmente.

Não fosse assim, isto é, na ausência de convenções partilhadas, como seria possível organizarmo-nos em sociedade? Nunca poderíamos festejar nosso aniversário ou comemorar uma data qualquer relacionada a um culto religioso ou a uma festa nacional. Afinal, como os dias, meses e anos nunca se repetiriam, mas os números somar-se-iam indefinidamente, não haveria uma repetição que nos permitisse dizer que o dia tal do mês tal "retornaria" a cada "novo" ano.

Seria possível, para nós, seres humanos, viver desse modo? Como já dissemos, a repetição cíclica e periódica do tempo parece constituir nossa maneira de vivenciar o tempo.

1. Os astros, o tempo e o pensamento humano

Sabe-se, desde Platão (429-354 a.C.), que o tempo pode ser definido como "uma imagem móvel da eternidade que procede segundo o número". Essa definição foi dada por Platão no *Timeu*, obra escrita na forma de diálogo e com importância fundamental para o Ocidente.

1. O tempo como imagem móvel da eternidade

O que Platão quis dizer quando definiu o tempo como "imagem móvel da eternidade que procede segundo o número"?

A distinção entre imagem e modelo é central para compreender seu pensamento. É a primeira informação pressuposta nessa passagem: o tempo imita seu modelo, que é a eternidade. Platão esclarece o modo de imitação, indicando que o tempo é móvel e procede segundo o número. A contraposição, pois, com o seu modelo é clara: a eternidade é imóvel, ao passo que o tempo é móvel.

Mas, além disso, Platão especifica que a mobilidade do tempo ocorre de acordo com os números. O que quer dizer isso? Provavelmente, Platão referia-se ao fato de que a mobilidade do tempo obedece a uma razão, isto é, a uma proporção numérica. Então, essa mobilidade não se caracteriza simplesmente por ser um movimento aleatório e errático, mas, sim, por obedecer a um movimento ordenado e ritmado, passível, portanto, de ser por nós conhecido e de servir como padrão de medida para mensurar outros movimentos. Esse movimento padrão imitado pelo tempo seria o movimento circular, que, segundo as próprias palavras de Platão, é "o mais conveniente à razão e à inteligência".

Esse movimento circular é precisamente aquele que podemos ver quando contemplamos o movimento dos astros no céu. Não por acaso, Platão enaltece o sentido da visão em um célebre passo do *Timeu*, pois é graças a ela que, segundo ele, ao vermos o dia e a noite, os meses e os períodos dos anos, os equinócios e os solstícios, inventamos a noção de número, que, por sua vez, permite-nos conhecer o tempo e investigar a natureza do universo.

A própria Filosofia, Platão continua afirmando, é oriunda dessa contemplação dos céus e da respectiva reflexão sobre ela mesma. Ora, se, para poder pensar, o ser humano tem necessidade, por um lado, de contemplar a alternância do dia e da noite, provocada pelos movimentos regulares dos astros, então podemos, por outro lado, imaginar que, se o ser humano fosse privado dessa alternância benfazeja, perderia o sentido de orientação temporal. Essa perda poderia ser ocasionada tanto por uma causa natural (por exemplo, quando alguém se encontra no Polo Norte e tem de viver ali durante seis meses só com a claridade dos dias ou seis meses só com a escuridão das noites) como por uma causa político-social (por exemplo, quando alguém é submetido à tortura e fica privado de contemplar a alteração cotidiana de dias e noites, encarcerado em condições tais que não possa ver a luz ou que fique permanentemente exposto a ela).

2. Os movimentos regulares do sol e da lua como padrões de medida

De acordo com Platão, o tempo imita a eternidade por meio dos movimentos regulares do sol e da lua, os quais, em seus respectivos períodos, permitem ordenar numericamente o cosmo, pois imitam aquilo que, em sua essência atemporal, encontra-se fora de uma determinação temporal. Por isso, Platão estabelece, no *Timeu*, um vínculo entre "o que é sempre" (e, por conseguinte, não pode ser corretamente descrito pelos tempos verbais do verbo *ser*, no pretérito e no futuro, pois encontra-se para além do processo de devir) e o que é propriamente sujeito às alterações (e que, portanto, pode ser corretamente descrito como tendo um passado e um futuro).

Somente esse cosmo visível pode ser, então, pensado temporalmente. Melhor dizendo, somente a observação da regularidade do movimento de alguns de seus astros permite-nos elaborar a noção de tempo. Vê-se, pois, que o tempo possui apoio em algo que independe de nós, ou seja, o movimento regular e constante de alguns astros (principalmente do sol e da lua, que possuem a periodicidade mais uniforme, de acordo com Platão). Vê-se, igualmente, que o tempo possui um caráter convencional, pois poderíamos escolher o movimento de outros astros como padrão de medida. Como Platão reitera, todos os movimentos dos outros astros também poderiam ser tempo, isto é, também poderiam ser adotados como padrão de medida.

Em outras palavras, poderíamos considerar esses movimentos regulares o número por meio do qual numeraríamos de maneira uniforme e constante outros movimentos irregulares, cuja quantidade de tempo queremos determinar e conhecer.

Cabe lembrar que os principais calendários criados no mundo antigo eram justamente calendários solares ou lunares. As diferentes culturas adotavam o movimento do sol ou da lua como padrão de medida para dividir e contar as quantidades de tempo, considerando esses dois astros aqueles com maior uniformidade e homogeneidade em seus ciclos. Por conseguinte, como aqueles mais confiáveis para serem utilizados como padrão de medida.

3. Padrões de medida e numeração convencional

Veremos que todas as outras análises realizadas pelos mais importantes pensadores sobre a natureza do tempo terão, de certo modo, de levar em conta essa relação entre um movimento adotado como padrão de medida e uma numeração que convencionalmente dele fazemos. Só poderemos determinar o tempo de algum evento quando pudermos dizer quantas vezes aquele movimento padrão se encontra nesse movimento que queremos medir, e isso pode ser feito apenas quando adotamos uma convenção que aplicamos universalmente.

Veremos, porém, que alguns filósofos pensam que essa relação com um movimento pode significar também, e talvez mais propriamente, a relação com um movimento ou atividade interior da consciência, e não apenas com um movimento externo. Essa será uma interpretação que gradativamente ganhará força ao longo da história da Filosofia.

2. Impasses e enigmas sobre a natureza do tempo e do agora

Vários filósofos, ao longo da história do Ocidente, também ficaram igualmente perplexos ao meditar sobre o enigma do tempo. O que ele seria afinal? Eles se perguntaram de modo ainda mais radical se seria lícito afirmar que o tempo de fato *é*, ou seja, que efetivamente ele é alguma coisa, uma vez que o passado não existe mais e o futuro ainda não veio à existência.

O que então restaria do tempo? O presente? Mas o que é e como captar ou apreender o fugidio presente? Ele não está sempre escapando de nós? Por outro lado, o tempo parece de fato existir; afinal, não é evidente que constatamos cotidianamente o efeito deletério de sua ação em nossos corpos? Como negar então, de modo tão peremptório, a sua existência? Ademais, como entender o fato de que nos lembramos do que vimos ou falamos ontem? Isso que passou existiria então apenas na nossa memória? E o que pretendemos fazer em um futuro próximo, isso de fato existe? Ou existe apenas na nossa expectativa?

1. Um tempo psicológico?

Seria então o tempo apenas um fenômeno psicológico? Mas, se fosse assim, como poderíamos, com alguma objetividade, ter uma mensuração precisa do tempo? É evidente, por exemplo, que, para um jovem que espera na porta da sala de cirurgia a notícia de que sua esposa já deu à luz seu primeiro filho e que ambos passam bem, os poucos minutos de espera nessa sala parecerão não ter fim. Assim como para os amantes apaixonados, que se reencontram depois de muitos dias sem se ver, o tempo em que permanecem juntos parece passar muito rapidamente.

Os ponteiros dos minutos e das horas, todavia, caminham sempre no mesmo inflexível e inexorável ritmo, assinalando com precisão imparcial e neutra o escoar de um tempo homogêneo e igual para todos. Como isso é possível? E se não houvesse relógios, alguém poderia perguntar: como então poderíamos conhecer o tempo homogêneo e igual para todos?

A invenção do relógio mecânico, como se sabe, é um acontecimento tardio na humanidade. Nem por isso, a cultura que acreditamos estar na origem do Ocidente, a grega, e as demais culturas anteriores a ela deixaram de medir o tempo com objetividade, ainda que com menor precisão do que se faz hoje. Como o fizeram? Por meio do estudo do movimento dos astros, naturalmente, como parece aludir Platão no texto mencionado. Começaram com o chamado relógio de sol, no qual as horas eram determinadas pela mensuração do deslocamento da sombra que a luz solar provocava ao incidir sobre uma haste ou um triângulo, fixado em uma superfície elíptica ou semicircular marcada por um conjunto de linhas ao longo do dia. Vemos, portanto, que desde o início do pensamento filosófico e científico postulava-se uma íntima relação entre o movimento (o deslocamento da sombra), a numeração (os números com os quais se numerava a sombra produzida pela haste ao longo do dia) e o tempo (a quantidade determinada desse deslocamento).

2. O tempo como medida do movimento

Não por acaso, quando nos voltamos para um dos primeiros filósofos que analisaram mais detida e especificadamente o tempo, Aristóteles (385-322 a.C.), constatamos que ele o definiu como "número do movimento segundo o anterior-posterior". Essa definição encontra-se em sua obra *Física*, um dos alicerces do pensamento ocidental. O capítulo IV dessa obra ficou conhecido como "tratado do tempo" (*Física* IV 10-14).

Como entender essa definição? Aristóteles mostra primeiramente que há uma associação estreita entre o movimento e o tempo, seja este um movimento exterior a mim, seja aquele um movimento interno. É importante observar que a noção de movimento, em grego *kínesis*, tem um sentido bem mais amplo do que aquele com o qual nós, hoje, o compreendemos. Movimento quer dizer, para Aristóteles, não apenas um deslocamento espacial, mas também o crescimento, uma alteração qualitativa qualquer, e mesmo o nascer e o morrer de um organismo, processo este, entretanto, que ele denominou mais propriamente, na segunda metade da *Física*, de mudança.

Se não pudermos perceber que houve um movimento qualquer (por exemplo, o crescimento de um broto de feijão ou o voo de um pássaro), não nos aperceberemos, por conseguinte, de que um tempo passou. Porém, se não houvesse um movimento externo, ou melhor, se dele não nos apercebêssemos, bastaria então uma modificação interna, tal como a sucessão de pensamentos e imagens produzidos em minha mente, para que nos déssemos conta de que um intervalo de tempo transcorreu. Logo, consoante à célebre definição aristotélica, o tempo seria, na verdade, um número (que os matemáticos e filósofos gregos definiam como uma pluralidade determinada).

Mas que tipo de número? Naturalmente, aquilo que numeramos ao contar o tempo são o limite anterior e posterior de dado intervalo de tempo, assim como quando estabelecemos uma semirreta AB, na qual A e B são os limites dessa semirreta, apenas com a fundamental diferença que os pontos A e B são simultâneos ou concomitantes entre si, enquanto os instantes, ou agoras correspondentes, A' e B' (isto é: os limites do tempo), não podem ser simultâneos ou concomitantes entre si, mas são necessariamente sucessivos.

Por exemplo: se numerássemos os distintos momentos de deslocamento de uma bola de bilhar sobre uma mesa, ela não poderia ocupar dois desses lugares ao mesmo tempo. Em outros termos: quando conto B', A' não existe mais. Por isso, é incorreto, e na verdade impossível, representar o tempo como uma linha, pois isso equivaleria a transformar algo eminentemente sucessivo em algo simultâneo, ou ainda, isso incorreria em uma espacialização indevida do tempo.

Na definição proposta por Aristóteles, devemos entender, portanto, o anterior-posterior como o agora anterior e o agora posterior de um corpo em movimento. Sendo assim, ao numerar uma série cinética qualquer (um deslocamento, um crescimento, uma alteração etc.), obtemos uma quantidade determinada de tempo (seu número). Mas como impedir que o tempo obtido por meio dessa numeração produzida pelo nosso intelecto seja tão somente um tempo arbitrário?

Evidentemente, a única garantia para que isso não ocorra é que a própria numeração opere sobre um movimento que seja, natural e absolutamente, constante, regular e homogêneo. Para Aristóteles, o único movimento que obedece a tais condições é o movimento circular dos astros, pois ele é eterno, não tendo início ou fim, e constante, desconhecendo, portanto, qualquer interrupção ou variação de velocidade. Adotando esse movimento constante e invariável como padrão de medida dos outros movimentos, poderíamos afirmar, por exemplo, que o deslocamento de tais aves migratórias ocorreu em três dias ou que uma dada rosa desabrochou em dois dias.

O tempo, então, será uniforme, pois ele nada mais é do que o número de um movimento que é, ele mesmo, homogêneo. Se esse padrão variasse, então não poderíamos ter uma medida comum (no nosso exemplo, o dia), capaz de numerar, com um mesmo número, diferentes séries cinéticas. Por isso, segundo Aristóteles, o tempo é comum e universal, mas não os movimentos, pois estes são sempre dependentes de determinados entes móveis.

Note-se que, para nós, ainda hoje, as coisas não mudaram totalmente. Se nos nossos dias, ao contrário de Aristóteles, não podemos mais supor que o cosmo seja um padrão regular, homogêneo e invariável de medida, os cientistas procuraram estabelecer um padrão do tempo por meio de um movimento que fosse maximamente regular e constante (ainda que não absolutamente), tal como a frequência de oscilação dos átomos de césio, base dos relógios atômicos usados atualmente para a medição do tempo.

Vê-se, por conseguinte, que pensar o tempo exige pensar tanto na capacidade de numeração de que nós, seres humanos, dispomos, como em um movimento externo constante e homogêneo no qual essa numeração possa se basear. Não se trata, por conseguinte, de mera observação de um fenômeno externo, como fazemos com os diversos movimentos que observamos, pois, como Aristóteles afirma, o tempo *é* o movimento que nós percebemos *apenas e tão somente* quando esse movimento é numerado. E, segundo Aristóteles, só os humanos, entre todos os animais, são capazes de numerar.

Mas, afinal de contas, o tempo estaria dentro ou fora de nós?

3. Tempo interno e tempo externo

A distinção feita, a partir da modernidade, entre tempo objetivo e tempo subjetivo está presente também, de certo modo, nas contribuições de alguns célebres pensadores do passado sobre esse tema.

1. O tempo pensado a partir da eternidade

Um dos mais importantes entre esses pensadores foi, sem dúvida, Santo Agostinho (354-430). Em sua obra seminal para o Ocidente, *As confissões*, ele tece algumas das mais profundas considerações já escritas desde o tratado de Aristóteles sobre o tempo.

Em primeiro lugar, contudo, é bom não perder de vista uma diferença fundamental que a abordagem de Santo Agostinho tem em relação à de Aristóteles, pois Agostinho pensa o tempo em relação com, ou melhor, *a partir da* eternidade. Na verdade, esse não é um procedimento totalmente novo, pois algo semelhante já havia sido feito por Platão no diálogo mencionado, *Timeu*, em que ele define o tempo como "imagem móvel da eternidade", e, mais detalhadamente ainda, por Plotino (205-270), que dedicou um tratado inteiro (*Enéada* III, 7 (45)) à discussão minuciosa e profunda a respeito do tempo *e* da eternidade. Essa posição filosófica de pensar o tempo em correlação com a eternidade apresenta-se também entre pensadores da Idade Média, seguidores de Santo Agostinho, por exemplo Boécio (480-525) e Tomás de Aquino (1125-1274). A essa tradição filosófica opor-se-ão frontalmente alguns pensadores contemporâneos, tais como Henri Bergson (1859-1941) e Martin Heidegger (1899-1976), que procurarão pensar o tempo a partir do próprio tempo, isto é, sem nenhuma mediação com ou referência à eternidade. Em outras palavras: o projeto filosófico desses pensadores do século XX é o de pensar o tempo sem nenhum vínculo com a transcendência. A ênfase na imanência, característica predominante da reflexão filosófica ocidental pelo menos desde Friedrich Nietzsche (1844-1900), expressa-se nos textos dos filósofos contemporâneos por um maior interesse em aprofundar a análise e a compreensão do tempo, razão pela qual grande parte do pensamento filosófico atual pode ser entendido como uma reflexão profunda e radical acerca do tempo, da finitude e da imanência.

Antes, porém, de avançarmos nessas considerações feitas por filósofos na contemporaneidade, detenhamo-nos brevemente em Agostinho. O bispo de Hipona acaba definindo o tempo, após uma série de ponderações iniciais sobre o movimento dos astros e do corpo (que não são propriamente tempo, são medidos pelo tempo), como "uma distensão do próprio espírito".

O que Agostinho quer dizer com essa definição? Ele mostra que, como o passado não existe mais, o futuro ainda não chegou a ser e o presente não tem nenhuma extensão que se possa apreender; o que se pode efetivamente medir quando mensuramos o tempo não é, por conseguinte, o próprio tempo, mas tão somente o nosso próprio espírito. Ou seja: o que se mede é aquilo que presentemente apreendemos de algo. Por exemplo: o que ouvimos nesse instante de uma melodia, e que depois retemos na memória, ou o que agora antecipamos dessa melodia, antes de a termos efetivamente escutado.

Passado e futuro, portanto, só podem ser conhecidos na medida em que são objetos de minha atenção. Assim, o que é objeto de minha expectativa passa, por causa da atenção que se dirige a isso, a ser objeto de minha memória. O que nós fazemos, na verdade, não é propriamente medir o tempo passado ou o tempo futuro (porque, na verdade, o passado não existe mais e o futuro ainda não existe), mas a duração de nossa expectativa e a de nossa memória, manifestadas no presente. Por isso, experimentamos a sensação de uma dilatação ou de uma contração do tempo quando, na verdade, o que efetivamente ocorre é uma perturbação – positiva ou negativa – em nossa expectativa ou em nossa memória.

Minha atenção presente, quando aprende um objeto de expectativa e o transforma em objeto de memória, produz em meu interior a ideia de um fluxo do tempo. Não obviamente um fluxo efetivo e real, mas um fluxo no interior de nosso espírito.

2. O tempo como fluxo da consciência

Uma análise estruturalmente semelhante a essa de Agostinho foi desenvolvida muitos séculos depois por um dos maiores pensadores do século XX, Edmund Husserl (1859-1938), embora com base numa concepção filosófica muito diferente daquela de Agostinho (Husserl adota o método fenomenológico criado por ele). Na fenomenologia, a dimensão ontológica presente em Agostinho e essencial para a compreensão do seu pensamento fica descartada, ou, mais precisamente, suspensa. Entretanto, é curioso observar quanto o paralelismo entre Husserl e Agostinho é forte, pois mesmo o exemplo da melodia, dado por Agostinho, é igualmente usado e analisado por Husserl, a fim de tentar compreender como se dá o fluxo do tempo no interior da consciência humana. O fenômeno da retenção e da prospecção da atenção permite-nos, segundo ele, escutar uma melodia que, de outro modo, jamais poderíamos escutar. Em outras palavras, só podemos escutá-la porque nossa atenção opera duplamente: retendo, por um lado, as notas já escutadas que não soam mais e, por outro lado, antecipando prospectivamente as que ainda serão executadas.

O tempo produz, portanto, uma síntese no interior de nossa consciência, ou melhor, produz a síntese *da* própria consciência. Assim, para Husserl, a percepção do tempo produz a continuidade e a unidade da consciência humana. Em suma: o fluxo do tempo *é* o próprio fluxo contínuo da consciência humana. Mas como os filósofos chegaram tão longe, a ponto de afirmar essa identificação mesma entre o tempo e o fluxo de nossa consciência?

3. Não percebemos o tempo, mas sem ele não podemos perceber o mundo

Não é possível conceber essa identidade sem mencionar o pensador que mais fortemente a defendeu e que talvez de modo mais decisivo tenha influenciado os rumos da Filosofia moderna, a saber, Immanuel Kant (1724-1804). O filósofo de Königsberg estava interessado, sobretudo, em buscar uma sólida fundamentação teórica para o conhecimento humano. Nessa tarefa, procurou assinalar claramente o limite teórico da capacidade cognitiva humana. Em outras palavras, procurou delimitar os próprios limites da razão humana.

Em sua célebre obra *A crítica da razão pura*, Kant começa assinalando o fato, que lhe parecia incontestável, de que os seres humanos só podem apreender as coisas que percebem no interior de uma intuição espaço-temporal, isto é, eles não podem *perceber* o próprio espaço ou o próprio tempo, mas nada podem perceber fora do quadro de uma intuição prévia do espaço e do tempo. Ele afirmou também que, para elaborar juízos, isto é, para pensar, o homem necessita aplicar à experiência sensível os conceitos puros do entendimento, ou seja, certas categorias presentes em nosso entendimento. A única possibilidade de isso acontecer é que exista algo para estabelecer a mediação entre os conceitos puros e aquilo que me aparece à consciência. Essa função é desempenhada pelo que ele denomina esquema transcendental. Todos esses esquemas, contudo – o da substância (permanência no tempo), da necessidade (permanência de algo em todo o tempo) ou da causalidade (sucessão temporal que obedece a uma regra) –, só podem ocorrer graças à função sintetizadora do tempo. Vemos, por conseguinte, como o tempo é, de certo modo, o protagonista da visão kantiana do mundo.

Segundo Kant, os seres humanos constroem seus objetos de conhecimento. Isso quer dizer: não temos acesso direto ao real, pois o real é coconstituído por nós enquanto sujeitos transcendentais, ou seja, enquanto somos sujeitos de conhecimento (note-se bem: não enquanto somos sujeitos de um ponto de vista meramente psicológico, mas enquanto somos dotados de uma estrutura universal que nos permite conhecer pelas intuições do tempo e do espaço e pelas categorias do entendimento).

Mais ainda: a nossa razão teórica só é capaz de conhecer isto que lhe aparece. E precisamente isto que lhe aparece, o "fenômeno", não é a coisa-em-si, inacessível e inatingível para nossa capacidade de conhecimento teórico. Ora, se não temos acesso por meio de uma intuição intelectual privilegiada às coisas em si mesmas, resta-nos, então, metodologicamente, adotar uma postura filosófica bastante mais moderada. A filosofia deve tornar-se crítica, ou seja, deve procurar explicitar antes de tudo a nossa limitação teórica. Com isso, qualquer pretensão de construir uma metafísica pode parecer leviana, pois o real, a coisa-em-si, como dizia Kant, está além de nossa possibilidade de conhecimento teórico. Só os fenômenos, ou seja, as coisas tais como aparecem para nós, nos são acessíveis.

4. Do ser do tempo ao tempo do ser

A reflexão sobre o tempo, como dissemos, atingiu seu ponto mais agudo na contemporaneidade (do século XVIII aos nossos dias). A Filosofia passou, nesse momento, a interessar-se principalmente pela imanência em oposição à transcendência, bem como pelo tempo em oposição à eternidade. Com isso, a análise do tempo tornou-se central na elaboração do pensamento de vários filósofos, dado que refletir sobre a imanência significa, como dissemos, refletir sobre a temporalidade e a finitude.

Husserl, sobre quem já falamos brevemente, inaugura essa lista à qual se poderiam acrescentar, entre os nomes mais conhecidos e de maior influência para a posteridade, os de Bergson, na França, e sobretudo o de Heidegger, na Alemanha.

1. O tempo vivido como duração

Henri Bergson propõe-se pensar de modo radical a duração. A intuição da duração, na verdade, constitui o centro de sua doutrina filosófica, como ele mesmo afirmou. E como nós devemos entender essa ideia da duração? Bergson associa a duração à própria consciência, de modo que, segundo ele, todo estado de consciência é afetado pela duração, ou seja, todo fenômeno que se apresenta à consciência dura. Por isso ele pode dizer que o tempo só é real enquanto vivido como duração.

Mais precisamente do que falar de consciência em geral, é a memória que tem como função conectar o passado ao presente, e esta é, na verdade, a definição mesma da duração: a continuidade do que não é mais (o passado) no que é (o presente). O tempo abstrato dos físicos, por outro lado, não é real. Ele é uma ficção nascida da necessidade de espacializar o tempo por meio de gráficos, retas e segmentos numerados sequencialmente, na intenção de medi-lo. Para entender bem o propósito de Bergson, é preciso levar em conta que ele procura desdobrar, ao longo de toda sua obra, essa sua intuição filosófica fundamental que associa o tempo real, a duração, ao tempo vivido pela minha consciência, de modo que na ausência de uma experiência irredutível da duração, ou seja, do tempo vivido, o tempo é sempre analisado de modo secundário como algo passível de ser espacializado.

A experiência primordial, portanto, é a do tempo vivenciado como pura duração. Mas como passamos então dessa experiência qualitativa irredutível da duração a sua espacialização, que constitui a própria base da noção científica do tempo como algo mensurável? Bergson explica que, ao exteriorizarmos o tempo real, ou seja, a duração, obtemos essa ficção de um tempo quantificado, numerado, medido: o tempo físico. Para Bergson, como dissemos, ele não passa de um produto artificial originado por nossa capacidade de pensar a simultaneidade. Nós a pensamos ao sermos capazes de apreender em um único ato do espírito a simultaneidade de três fluxos concomitantes da consciência.

Essa é, para o filósofo francês, a gênese da noção de um tempo universal e matematizável, tal como empregado em geral nas ciências. A própria noção de um agora, isto é, de um instante, é algo impossível de ser apreendido por nós sem esse processo de espacialização, na medida em que é impossível deter a duração.

O instante não é idêntico a um ponto fixo em uma linha, pois o tempo não pode ser adequadamente representado por uma linha ao ser constituído por partes sucessivas e não simultâneas (caso dos pontos), tampouco pode ser detido em um instante qualquer que seria representado como o ponto final, o limite de dada linha, pois a duração não se detém.

Se o que fazemos em relação ao tempo (por nós espacializado em uma hipotética linha do tempo) é medir o intervalo entre os dois pontos extremos dessa linha, essa operação na verdade só é possível porque numeramos como pontos simultâneos o que na verdade é um fluxo contínuo e incessante do tempo vivido, ou seja, da duração. Essas instantaneidades, nas palavras do pensador francês, não participam do tempo real, pois não duram. São apenas como visões mentais que obtemos ao projetar no espaço pontos simultâneos capazes de nos permitir mensurar uma duração, mas segundo Bergson essa é, em última instância, como toda outra qualidade de que temos consciência. Por exemplo, o calor e o frio são, para Bergson, igualmente irredutíveis a uma quantificação, pois os termômetros nada mais seriam para ele do que a quantificação artificial de uma experiência real. No caso do tempo, é mais grave ainda essa redução da qualidade originária a uma quantidade medida, pois, se no caso de uma cor o verde percebido é quantificado pelo físico como um comprimento de onda, ambas seguirão sendo realidades que perduram. Mas no caso do tempo, eliminando-se a sucessão, que é por essência aquilo que dura, o que dela sobraria não duraria, mas seria apenas algo que perduraria.

Assim, na matéria privada de consciência não pode haver tempo real, duração, e, sim, apenas um tempo artificial, pois espacializado, isto é, sem um antes ou um depois, características intrínsecas a uma sucessão. Podemos continuar a chamar isso de tempo, mas um tempo privado de sucessão nada mais é, para Bergson, do que um tempo simbólico e convencional, que tem por objetivo tão somente o cálculo e a mensuração de grandezas reais, jamais o tempo verdadeiro vivido como duração.

2. O ser humano como um ser constitutivamente temporal

Detenhamo-nos, por fim, em Martin Heidegger, filósofo que exerceu uma imensa influência em grande parte da Filosofia produzida no século XX. Não por acaso, o projeto filosófico heideggeriano, exemplar dessa valorização do tempo e da finitude, é o de repensar a própria tradição filosófica sob o fio condutor da análise sobre o tempo.

O título de sua obra máxima, *Ser e tempo*, ilustra com clareza a sua complexa e fascinante estratégia hermenêutica. O importante em relação a essa obra é pensar a partícula "e" que conecta os dois substantivos que a intitulam. Qual a relação que se estabelece entre ser *e* tempo?

Vimos como alguns dos mais importantes filósofos que analisaram o enigma do tempo na Antiguidade assinalaram, de certo modo, a inexistência do tempo, na medida em que passado e futuro, partes constitutivas do tempo, parecem efetivamente não existir, e o presente parece igualmente inapreensível. Ora, se não se pode dizer do tempo que ele *é*, ou seja, que ele existe, não seria mais interessante, ousado e perspicaz, sob um ponto de vista filosófico, inverter a questão? Não seria mais estimulante e enriquecedor para a reflexão filosófica olhar para o problema do tempo a partir de uma perspectiva diversa?

Poderíamos formular então o seguinte problema: será que não é o próprio ser que deve ser entendido em um horizonte temporal, em vez de tentar compreender se o tempo efetivamente existe ou não? Heidegger, seguindo então as análises fenomenológicas inauguradas por seu professor e mestre, Husserl, sobre a consciência interna do tempo, radicaliza-as e transforma-as, construindo assim sua própria filosofia. O modo de ser do homem, portanto, que Heidegger prefere denominar ser-aí, para enfatizar seu caráter fático e aberto, é constitutivamente temporal.

Esse modo específico de ser do ser-aí é, como nos esclarece Heidegger, o cuidar, o cuidado, pois "a temporeidade se revela como o sentido do cuidado próprio". Ora, se o ser-aí (em outras palavras, o homem) só pode ser plenamente compreendido no horizonte do tempo, evidentemente é por meio do próprio ser-aí que podemos e devemos nos perguntar legitimamente sobre o ser. Por conseguinte, o próprio ser deve ser entendido igualmente em um horizonte temporal. Não devemos, portanto, perguntar se o tempo *é*, se ele tem ser, mas, sim, se o ser *temporaliza* e como ele o faz.

A imensa dificuldade dessa empreitada filosófica, que de certo modo inverte o sentido trivial das noções de tempo e ser, fica evidente pelo fato de a obra principal de Heidegger ter permanecido inconclusa. Todavia, em outras reflexões que ele desenvolveu, particularmente durante os cursos que ministrou nos anos subsequentes à publicação de *Ser e tempo*, e que posteriormente foram publicadas, o autor tentou preencher essa lacuna.

Devemos, segundo Heidegger, esforçar-nos por compreender o ser temporalmente, assim como nossa própria vida só pode ser plenamente entendida no horizonte do tempo. *Somos* tempo e *somos* história. Em suma: *somos* um projeto que somente pode ser compreendido de modo pleno no horizonte hermenêutico que nos é oferecido pelo tempo. Mas, também, o que é ainda muito mais difícil para pensarmos, o ser ele mesmo, e não apenas o ser que nós somos (o ser-aí), possui sua errância e seu destino, ou seja, possui seu tempo próprio e constitutivo, tempo no qual se articula e do qual somos de algum modo partícipes.

Mas o que ele seria afinal? Como perguntar pelo tempo com um vocabulário que nos força a perguntar primeiramente pelo ser? A verdadeira e mais radical pergunta filosófica seria então, para Heidegger, a de saber como o ser temporaliza. Em outros termos, a de saber como o ser se articula em uma constelação temporal e como devemos compreender essa temporeidade específica do próprio ser. Esse entrelaçamento complexo de sentidos e essa torção sintáxica e gramatical caracterizam as derradeiras reflexões filosóficas de Heidegger sobre esse intrincado tema. Talvez só mesmo um repensamento radical de nossa linguagem nos permita falar do tempo de modo autêntico, isto é, não como se ele fosse uma mera coisa entre outras.

5. Conclusão

No final de nossa sucinta reflexão sobre o tempo, retornemos de algum modo ao nosso ponto de partida. Por que, afinal, temos necessidade de pensar de modo cíclico e periódico, mesmo quando sabemos que os eventos que medimos por meio do tempo jamais se repetem? Por que não podemos vivenciar o tempo como uma duração incessante, como um escoar inexaurível e jamais repetido? Ou, na verdade, é assim mesmo que o vivenciamos? Neste caso, como e por que nós o espacializamos? Como coadunar então essa experiência cotidiana e subjetiva do tempo com a necessidade de haver um tempo objetivo que organize e ordene nossa vida comum?

Todas as culturas, como o grande historiador das religiões Mircea Eliade (1907-1986) mostrou em muitas de suas obras, sempre adotaram um tempo que era mítica ou liturgicamente repetido (o que evidentemente ainda ocorre hoje) e que instaurava a relação dos humanos com o mito ou com o relato histórico constitutivo da cultura à qual pertenciam. Os seres humanos então procuravam viver sob esse calendário especial, tendo suas festas, comemorações religiosas e sociais evocadas de acordo com esse tempo diferenciado.

Hoje, porém, apesar de individualmente e mesmo em certas civilizações ao redor do mundo isso continuar a ser feito, a maioria dos ocidentais desconhece esse tempo diferenciado ou apenas o conhece nominalmente. Para eles, ou seja, para nós, o tempo se apresenta como algo homogêneo, e todos os calendários sagrados não nos parecem nada mais que meras convenções sociais e culturais.

A vivência desse tempo diferenciado como vivência de uma mera arbitrariedade coloca-nos diante de uma difícil constatação: o ritual torna-se rotina. A ação ritual repetida a fim de nos conectar a uma realidade ulterior, em si mesma atemporal, agora só parece se encontrar na experiência cotidiana da repetição de um dia a dia desprovido de sentido.

Se a filosofia contemporânea caracteriza-se por uma reflexão profunda sobre o tempo em sua imanência constitutiva, acreditamos que isso deva ser entendido no contexto cultural mais amplo do processo de secularização que vivemos no Ocidente há alguns séculos. Talvez seja justamente por essa razão que os filósofos do século passado tematizaram sobremaneira o tempo vivido, seja na figura da duração bergsoniana ou da temporeidade autêntica de Heidegger. Em outras palavras: talvez porque a vivência de um tempo autêntico e diferenciado nos escape por estarmos imersos na rotina cotidiana, que é quase sempre destituída de sentido, é que os pensadores contemporâneos precisem falar cada vez mais e de modo mais intenso do tempo.

OUVINDO OS TEXTOS

Texto 1. Aristóteles (385-322 a.C.), *O tempo é a medida do movimento*

Quando certo tempo parece ter passado, simultaneamente parece ter ocorrido também certo movimento. Por conseguinte, o tempo certamente é um movimento ou algo do movimento. Dado que ele não é um movimento, é necessário que ele seja algo do movimento. [...] Efetivamente, conhecemos o tempo quando determinamos o movimento, ao termos determinado o anterior-posterior. E dizemos, então, que um tempo passou, quando temos uma percepção do anterior-posterior no movimento. Determinamos o anterior-posterior, contudo, ao supô-los distintos entre si e diversos daquilo que é o intermediário deles. Com efeito, quando pensamos os extremos como diversos do meio, e a alma afirma que os agoras são dois, um o anterior, outro o posterior, então dizemos também que isso é tempo. De fato, o que é determinado pelo agora, em ambas as extremidades, parece ser tempo. E que isso seja pressuposto. Quando, portanto, percebemos o agora como um – e não como anterior e posterior no movimento ou como o mesmo de um anterior e também de certo posterior – não parece haver passado nenhum tempo, porque tampouco parece ter ocorrido algum movimento. Mas, quando percebemos o anterior-posterior, então falamos de tempo. Com efeito, isto é o tempo: número de um movimento segundo o anterior-posterior.

ARISTÓTELES. *Física* IV 10, 219a-219b. Trad. Fernando Rey Puente. Trecho adaptado por Juvenal Savian Filho.

Texto 2. Santo Agostinho (354-430), *O tempo é uma distensão do espírito*

O tempo não é outra coisa senão distensão; mas distensão de que coisa, não sei, e será surpreendente se não for uma distensão do próprio espírito. Suplico-te, meu Deus, que coisa é que eu meço e digo, quer de forma aproximada (como ao dizer "este tempo é mais longo do que aquele"), quer também com precisão (como ao dizer "este tempo é o dobro daquele")?. Eu meço o tempo, sei isso, mas não meço o futuro, porque ainda não existe; não meço o presente, porque não se estende por nenhuma extensão; não meço o passado, porque já não existe. Que meço então? [...] Em ti, ó meu espírito, meço os tempos. Não me perturbes, ou melhor, não te perturbes com a multidão das tuas impressões. Em ti, repito, meço os tempos. Meço a impressão que as coisas, ao passarem, gravam em ti e que em ti permanece quando elas tiverem passado, e meço-a, enquanto presente, e não as coisas que passaram, de forma que essa impressão ficasse gravada; meço-a, quando meço os tempos.

SANTO AGOSTINHO. *Confissões*. Livro XI, cap. 20. Trad. port. Arnaldo do Espírito Santo, João Beato e Maria Cristina Pimentel. Lisboa: Imprensa Nacional/Casa da Moeda, 2001, pp. 311-3. Trecho adaptado por Juvenal Savian Filho.

Texto 3. I. Kant (1724-1804), *O tempo é apenas uma condição subjetiva*

Nossas afirmações ensinam, pois, a *realidade empírica* do tempo, isto é, a sua validade objetiva em relação a todos os objetos que possam apresentar-se aos nossos sentidos. E, como a nossa intuição é sempre sensível, nunca na experiência nos pode ser dado um objeto que não se encontre submetido à condição do tempo. Contrariamente, impugnamos qualquer pretensão do tempo a uma realidade absoluta, como se esse tempo, sem atender à forma da nossa intuição sensível, pertencesse pura e simplesmente às coisas, como sua condição ou propriedade. Tais propriedades, que pertencem às coisas em si, nunca nos podem ser dadas através dos sentidos. Nisto consiste, pois, a *idealidade transcendental* do tempo, segundo a qual o tempo nada é se abstrairmos das condições subjetivas da intuição sensível, e não pode ser atribuído aos objetos em si (independentemente da sua relação com a nossa intuição), nem a título de substância nem de acidente.

> KANT, I. *Crítica da razão pura*. Trad. port. Manuela Pinto Santos e Alexandre Fradique Morujão. Lisboa: Calouste Gulbenkian, 2001, pp. 73-5. Trecho adaptado por Juvenal Savian Filho.

Texto 4. Henri Bergson (1859-1941), *O tempo vivido não é o tempo das medidas*

Sem uma memória elementar que ligue os dois instantes entre si, haverá tão somente um ou outro dos dois, um instante único por conseguinte, nada de antes e depois, nada de sucessão, nada de tempo. Pode-se conceder a essa memória o estritamente necessário para fazer a ligação; será, se quiserem, essa própria ligação simples prolongamento do antes no depois imediato com um esquecimento perpetuamente renovado do que não for o momento imediatamente anterior. Nem por isso se terá deixado de introduzir memória. A bem dizer, é impossível distinguir entre a duração, por mais curta que seja, que separa dois instantes, e uma memória que os ligasse entre si, pois a duração é essencialmente uma continuidade do que não é mais no que é. Eis aí o tempo real, ou seja, percebido e vivido. Eis também qualquer tempo concebido, pois não se pode conceber um tempo sem representá-lo percebido e vivido. Duração implica, portanto, consciência; e pomos consciência no fundo das coisas pelo próprio fato de lhes atribuirmos um tempo que dura.

BERGSON, H. *Duração e simultaneidade*. Trad. Claudia Berliner. São Paulo: Martins Fontes, 2006, p. 57.

Texto 5. Martin Heidegger (1899-1976), *Se o tempo é a cada vez meu, há muitos tempos*

Qual condição se relaciona com o fato de o ser-aí humano já ter-se provido de um relógio antes de todo relógio de bolso e de todo relógio solar? Disponho eu do ser do tempo e me considero a mim mesmo com o agora? Sou eu mesmo o agora e meu ser-aí o tempo? Ou, por fim, é o tempo mesmo que provê o relógio em nós? [...] Resumindo, pode-se dizer: tempo é ser-aí. Ser-aí é meu ser-a-cada-momento, e ele pode ser o ser-a-cada-momento no futuro no antecipar para um passar consciente, mas indeterminado. O ser-aí está sempre em um modo de seu possível ser temporal. O ser-aí é o tempo, o tempo é temporal. O ser-aí não é o tempo, mas a temporalidade. O enunciado fundamental: *o tempo é temporal*, é, por isso, a mais autêntica determinação – e ele não é uma tautologia, porque o ser da temporalidade significa uma realidade desigual. O ser-aí é seu passado, é sua possibilidade no antecipar-se para esse passar. Nesse antecipar eu sou autenticamente o tempo, eu tenho tempo. Na medida em que o tempo é a cada vez meu, há muitos tempos. *O* tempo é sem sentido; tempo é temporal.

HEIDEGGER, M. *O conceito de tempo*. Trad. original Fernando Rey Puente, a partir da edição alemã: *Gesamtausgabe, Bd. 64, Der Begriff der Zeit*. Frankfurt am Main:Vittorio Klostermann, 2004, pp. 123-4.

EXERCITANDO A REFLEXÃO

1. Algumas questões para você compreender melhor o tema:

1.1. Por que, segundo Platão, é legítimo mensurar o tempo segundo um ritmo de alternância de ciclos?

1.2. Por que, segundo Aristóteles, o tempo não é a mera observação de um fenômeno externo a nós?

1.3. Quais as razões de Santo Agostinho para afirmar que o tempo é uma distensão do espírito?

1.4. Ao chamar o tempo de uma forma subjetiva *a priori* para conhecimento das coisas, que mudança Kant imprimiu na maneira clássica de conceber o tempo?

1.5. Seria possível dizer que, para Bergson, medir o tempo é tão artificial quanto medir o calor com um termômetro?

1.6. Por que, segundo Heidegger, o tempo não seria algo diferente da própria natureza humana?

2. Desmontando e montando textos:

Depois de ler o texto 1, de Aristóteles, talvez precisemos procurar, num bom dicionário de filosofia, o significado dos termos que ainda não conhecemos bem. Precisamos, principalmente, ler o texto com base no esclarecimento da noção de "movimento", dada em "O tempo como medida do movimento". Veremos que "movimento", no texto de Aristóteles, tem um significado mais amplo do que o termo "movimento", empregado quando falamos, por exemplo, da análise platônica do movimento dos astros. Em resumo, "movimento", para Aristóteles, significa toda mudança, seja ela de lugar, ou de qualidade, de quantidade etc. O dinamismo da vida poderia ser chamado de movimento. Tendo isso em mente, podemos desmontar o texto 1 e ver que ele se estrutura em quatro partes:

Parte 1: "Quando certo tempo parece ter passado, simultaneamente parece ter ocorrido também certo movimento. Por conseguinte, o tempo certamente é um movimento ou algo do movimento. Dado que ele não é um movimento, é necessário que ele seja algo do movimento. [...] Efetivamente, conhecemos o tempo quando determinamos o movimento, ao termos determinado o anterior-posterior. E dizemos, então, que um tempo passou, quando temos uma percepção do anterior-posterior no movimento".

Nessa primeira parte, Aristóteles parte da afirmação de que o tempo não é o movimento, mas é algo do movimento. Ele prova essa afirmação, dizendo que falamos de tempo quando determinamos o movimento ao marcar uma relação de anterioridade e posterioridade. Ao usar a palavra "efetivamente", Aristóteles indica que a frase seguinte explica o sentido do que foi afirmado antes. E reafirma isso ao tirar a conclusão de que falamos de tempo quando temos uma percepção de algo anterior e de algo posterior no movimento.

Parte 2: "Determinamos o anterior-posterior, contudo, ao supô-los distintos entre si e diversos daquilo que é o intermediário deles. Com efeito, quando pensamos os extremos como diversos do meio, e a alma afirma que os agoras são dois, um o anterior, outro o posterior, então dizemos também que isso é tempo. De fato, o que é determinado pelo agora, em ambas as extremidades, parece ser tempo. E que isso seja pressuposto".

Aqui, Aristóteles explica que só falamos de anterior e posterior tomando como referência o que é intermediário entre eles, ou seja, um "agora", um momento presente. E todo agora insere-se na sucessão temporal: há um "agora anterior" e também um "agora posterior". Essa coleção de "agoras" também se chama de tempo. Note que, como Aristóteles explica a determinação do anterior-posterior pelo agora, as palavras usadas para iniciar suas frases são "com efeito" e "de fato". É um sinal de que ele não acrescenta novos dados, mas desdobra, explicita o que estava contido na afirmação inicial dessa parte.

Parte 3: "Quando, portanto, percebemos o agora como um – e não como anterior e posterior no movimento ou como o mesmo de um anterior e também de certo posterior – não parece haver passado nenhum tempo, porque tampouco parece ter ocorrido algum movimento. Mas, quando percebemos o anterior-posterior, então nós falamos de tempo".

Esse trecho introduz uma consequência, um resultado da parte 2. Aristóteles raciocina por contraposição: se falamos da passagem do tempo quando identificamos um momento anterior e um momento posterior, comparando-os com um agora, então, se só falamos de um agora, mas sem conseguir identificar um anterior e um posterior, não falamos de passagem do tempo. Só falamos do agora presente, sem movimento temporal.

Parte 4: "Com efeito, isto é o tempo: número de um movimento segundo o anterior-posterior".

Essa última afirmação de Aristóteles contém a conclusão de todo o texto: o tempo é número, medida de um movimento concebido entre algo anterior e algo posterior. A conclusão fundamenta-se nas partes 1, 2, 3, pois, se o tempo é algo relativo ao movimento (parte 1), e, se o anterior e o posterior só são determinados com relação a um agora intermediário (parte 2), o que se comprova com o fato de que, quando só há agora, não há passagem de tempo (parte 3), então o tempo é uma medida do movimento, considerando-se algum momento anterior e algum momento posterior, ou seja, uma relação de anterioridade e posterioridade com um agora.

Para montar novamente o texto de Aristóteles, escreva um texto em que você apresente a posição aristotélica a respeito do tempo como medida do movimento. Baseie-se em nossas explicitações, mas faça seu próprio texto. Em seguida, aplique essa técnica aos outros textos, procurando num bom dicionário de Filosofia os termos que você não conhece bem e fazendo o esforço de desmontá-los e montá-los novamente.

3. Praticando-se na análise de textos:

3.1. O texto 2, de Santo Agostinho, "O tempo é uma distensão do espírito", fala explicitamente de uma multidão de impressões. São elas as impressões sensíveis, ou seja, os dados que conhecemos a partir de nossos cinco sentidos. Por que, então, o filósofo recomenda ao seu próprio espírito que não se perturbe com a multidão de impressões?

3.2. Compare os textos de Aristóteles e Santo Agostinho com os textos Kant, Bergson e Heidegger e reflita: quais semelhanças e quais diferenças há entre as concepções de tempo neles apresentadas? Para os três últimos autores é possível continuar falando do tempo como um ser, assim como fizeram os dois primeiros?

4. Agora, algumas questões abertas para você refletir:

4.1. Por que, afinal, temos necessidade de medir o tempo?

4.2. O tempo que medimos é o tempo que vivemos?

4.3. Imagine a seguinte situação: Cláudia e Michelle fizeram uma viagem de quatro horas. Cláudia olhava para o relógio o tempo todo e se entendiava. Michelle olhava a paisagem, tomou um cafezinho, leu um livro. No fim da viagem, Michelle afirmou: "Nossa, já chegamos? Parece que a viagem durou cinco minutos!". Mas Cláudia respondeu: "Cinco minutos nada! Para mim, foi uma eternidade! Parecia que nunca iríamos chegar!". Reflita sobre o modo como ambas viveram a experiência do tempo da viagem.

4.4. Concluindo nosso estudo sobre o tempo, reflita sobre o modo como os filósofos contemporâneos têm necessidade de tratar do tempo diferentemente do modo como fizeram os pensadores antigos e medievais.

DICAS DE VIAGEM

Para você continuar sua viagem pelo tema do tempo, sugerimos:

1. Assista aos seguintes filmes, considerando as reflexões que fizemos neste livro:
   - **1.1.** *Antes da chuva* (*Before the Rain*), direção de Milcho Manchevski, Macedônia, 1994.
   - **1.2.** *O estranho caso de Benjamin Button* (*The Curious Case of Benjamin Button*), direção de David Fincher, EUA, 2008.
   - **1.3.** *Nostalgia* (*Nostalghia*), direção de Andrei Tarkovski, Rússia, 1983.
   - **1.4.** *De volta para o futuro* (*Back to the Future*), direção de Robert Zemeckis, EUA, 1985.
   - **1.5.** *2001, uma odisseia no espaço* (*2001: A Space Odyssey*), direção de Stanley Kubrik, EUA, 1968.

2. Algumas obras literárias para ilustrar nossa reflexão:

RULFO, Juan. "O retorno à semente" (conto). In: RULFO, J. *Pedro Páramo & Chão em chamas*. Trad. Eric Nepomuceno. Rio de Janeiro/São Paulo: Record, 2004.

BORGES, J. L. *História da eternidade*. Trad. Carlos Nejar e Alfredo Jacques. São Paulo: Globo, 2001 (além de vários poemas como "El instante" e "Cosmogonia").

ELIOT, T. S. *Quatro quartetos*. Trad. Ivan Junqueira. Rio de Janeiro: Civilização Brasileira, 1967.

HILST, Hilda. *Tu não te moves de ti*. São Paulo: Globo, 2004.

TARKOVSKI, Andrei. *Esculpir o tempo*. Trad. Jefferson Luiz Camargo. São Paulo: Martins Fontes, 1998.

3. Propomos que você contemple duas pinturas, feitas por dois artistas de estilos distintos, mas muito significativos para a história da arte ocidental: o pintor belga James Ensor (1860-1949) e o pintor austríaco Gustav Klimt (1862-1918). Do primeiro, procure a obra *As mercadoras de peixe melancólicas* (pintado em 1892); do segundo, procure *As três idades da mulher* (pintado em 1905). Encontre-os na internet. Ao contemplá-los, observe, inicialmente, a diferença de estilos. Ensor compõe uma obra mais figurativa, representando uma cena comum da vida cotidiana, em que duas senhoras do mercado de peixe são caracterizadas por sua melancolia. A representação dessa cena é de grande beleza, sobretudo pela simplicidade dos elementos. Por outro lado, a pintura de Klimt não representa a vida cotidiana; assemelha-se muito mais com um sonho mágico do que com um momento comum. Esse aspecto onírico de Klimt vem dos muitos elementos pictóricos presentes no quadro, inclusive com as três idades femininas representadas ao mesmo tempo (a infância, a vida adulta e a velhice). Levando em consideração nossa reflexão sobre o tempo, você concorda que o quadro de Ensor, ao retratar a velhice, mostra-a como uma espécie de fim, no qual o passado não está mais presente, a não ser como lembrança talvez? E que Klimt, ao contrário, apresenta a velhice em ligação direta com o passado, a infância e a vida adulta? Que temporalidades são retratadas nos quadros? Há uma concepção de passagem do tempo, segundo Ensor? Há uma concepção de tempo como a condição mesma da vida humana, segundo Klimt? Poderíamos dizer que, no quadro de Klimt, o tempo "não passa", mas acumula-se, amplia-se?

Extraia elementos de ambos os quadros para refletir sobre nossa experiência do tempo. Você encontra uma reprodução dessas pinturas nos seguintes *links*:

James Ensor, *As mercadoras de peixe melancólicas*:
http://media.paperblog.fr/i/274/2744093/fugit-irreparabile-tempus-L-1.jpeg

Gustav Klimt, *As três idades da mulher*:
http://risingphoenix.blog.uol.com.br/images/ThreeAgesofWoman.jpg

4. A música *Tempo*, composta por Arnaldo Antunes e Paulo Miklos, ilustra algumas questões que começamos a pôr ao pensar sobre o tempo:

TEMPO

será que a cabeça
tem o mesmo tempo que a mão?
o tempo do pensamento,
o tempo da ação
será que o teto tem o mesmo tempo que o chão?

o tempo de decompor...
o tempo de decomposição
será que o filho
tem o mesmo tempo que o pai?
o tempo do nascimento,
crescimento, envelhecimento,
um momento
um momento
o homem pensa que faz
a guerra, a paz
enquanto o homem pensa
o tempo se faz
o homem pensa que é
alegre, triste
enquanto o tempo passa
o homem assiste
como matar o tempo
como matar o tempo...

Tempo, Arnaldo Antunes (© 1996 by Universal Mus Pub MGB Brasil Ltda. / Rosa Celeste Empreendimentos Artísticos Ltda.) / Paulo Miklos (© 1996 by Warner Chappell Edições Musicais Ltda.). Todos os direitos reservados.

LEITURAS RECOMENDADAS

As obras que estão na base de nossas reflexões, neste livro, são:

ARISTÓTELES, *Física*.
> Uma tradução em português está sendo preparada por Fernando Rey Puente. Na falta de uma boa tradução em nossa língua, indicamos a tradução espanhola de Guillermo de Echandía: Madrid, Gredos, 1995. Nessa obra, como dissemos, encontra-se a definição aristotélica clássica do tempo, no contexto da análise do movimento.

SANTO AGOSTINHO. *As confissões*. Vários tradutores. Lisboa: Imprensa Nacional/Casa da Moeda, 2001.
> A obra é um clássico do pensamento ocidental. Em seu livro XI, Agostinho tece uma das mais profundas reflexões sobre a essência do tempo já escritas no Ocidente.

BERGSON, Henri. *Duração e simultaneidade*. Trad. Claudia Berliner. São Paulo: Martins Fontes, 2006.
> Livro no qual Bergson discute e tenta entender a partir de uma perspectiva filosófica a teoria da relatividade de Einstein. O

capítulo três do livro dedica-se a analisar a natureza do tempo.

HEIDEGGER, Martin. "O conceito de tempo/A questão da técnica". Trad. Marco Aurélio Werle. In: *Cadernos de tradução*, nº 2, São Paulo, Departamento de Filosofia da USP, 1997.
Breve texto que foi originalmente uma conferência que o autor fez para teólogos no ano de 1924, ou seja, quatro anos antes da publicação de sua obra máxima, Ser e tempo. *De modo muito mais claro e acessível, o autor expõe nessa conferência as linhas diretrizes que irão conduzi-lo à sua análise mais complexa e minuciosa exposta em* Ser e tempo.

Também sugerimos:

COMTE-SPONVILLE, André. *O ser-tempo*. Trad. Eduardo Brandão. São Paulo: Martins Fontes, 2000.
Pequeno, mas denso livro de Comte-Sponville, que de modo claro e sucinto percorre livremente várias posições filosóficas defendidas ao longo da história da Filosofia sobre o tempo. O autor assume uma posição bastante característica da contemporaneidade ao tentar entender o tempo apenas sob a dimensão da imanência.

RICOEUR, P., LARRE, C., PANIKKAR, R. *et al.* Trad. Gentil Titton Orlando dos Reis e Ephrain Alves. *As culturas e o tempo*. Rio de Janeiro: Vozes, 1975.

Coletânea de textos escritos por alguns dos melhores especialistas de todo o mundo que analisam e discutem em seus textos o significado do tempo em diversas culturas (grega, judaica, cristã, islâmica, hindu e chinesa, entre outras). A antologia é precedida de um prefácio escrito com clareza e precisão pelo filósofo Paul Ricoeur.